Gabriele Cerwinka – Gabriele Schranz

Professionelle Protokollführung

NewBusinessLine

- objektiv und sachlich
- logisch und übersichtlich gegliedert
- klar und deutlich formuliert
- mit vielen Beispielen

2., aktualisierte Auflage

UEBERREUTER

Die Deutsche Bibliothek – CIP-Einheitsaufnahme

Cerwinka, Gabriele:
Professionelle Protokollführung :
objektiv und sachlich ;
logisch und übersichtlich gegliedert ;
klar und deutlich formuliert
mit vielen Beispielen ;
50-Minuten-Training-Script /
Gabriele Cerwinka ; Gabriele Schranz. –
2., aktualisierte Auflage
Wien : Wirtschaftsverl. Ueberreuter, 1999
(New Business Line) (Manager-Magazin-
Edition)
ISBN 3-7064-0533-4
NE: Schranz, Gabriele:

S 0462   3 4 / 01 00
Technische Redaktion: Dr. Andreas Zeiner
Umschlag: Init, Büro für Gestaltung
Illustrationen: Josef Koo
Copyright © 1999 by Wirtschaftsverlag
Carl Ueberreuter, Wien/Frankfurt

Inhalt

In unserer derzeitigen Informationsgesellschaft sind wir täglich mindestens einmal gezwungen, Informationen und Fakten aus Besprechungen, Meetings oder Konferenzen schriftlich weiterzugeben. Um die Informationsflut so gering wie möglich zu halten, ist es daher notwendig, nur wesentliche Informationen und Tatsachen weiterzugeben. Der Stil sollte dem Leser entgegenkommen, nicht seine Zeit rauben. Jeder, der ein Protokoll oder eine Aktennotiz verfaßt, möchte schließlich gelesen werden.

Gerade in diesem wichtigen Punkt soll Sie unser praxisbezogenes Buch unterstützen. Es ist bewußt knapp gehalten und soll Ihnen helfen, Sicherheit und Überlegenheit bei der Weitergabe schriftlicher Informationen zu erlangen. Es ist keine Unterlage, die man einmal durchliest und weglegt. Den größten Nutzen aus diesem Buch können Sie ziehen, wenn Sie es immer wieder zur Hand nehmen und konzentriert vor allem die integrierten Fragebögen und Übungen durcharbeiten. Wir haben es hauptsächlich als Arbeitsunterlage von Praktikern für Praktiker geschrieben. Die positive Resonanz auf die 1. Auflage hat uns bestätigt, daß professionelle Protokollführung nach wie vor ein unverzichtbares Werkzeug im Berufsleben darstellt.

Effiziente schriftliche Kommunikation ist eine Kunst, die durch Einsatz und konsequente Arbeit erlernt werden kann – vervollständigt wird sie jedoch durch die tägliche Anwendung in der Praxis. Wir wünschen uns, daß dieses Buch zu Ihrem persönlichen und beruflichen Erfolg beiträgt.

Gabriele Cerwinka   Gabriele Schranz

Sicher haben Sie zumindest einen guten Grund, warum Sie zu diesem Buch gegriffen haben. Vielleicht finden Sie anschließend noch weitere. Um Ihre Ziele tatsächlich erreichen zu können, müssen Sie sie zunächst kennen. Wählen Sie daher aus der folgenden Auflistung jene Ziele aus, die für Sie wichtig sind:

Was ich mir von diesem Buch erwarte:

                                                     ☒

1. Ich möchte lernen, Protokolle effizienter zu gestalten .... ☐

2. Ich möchte Protokolle so schreiben, daß sie auch gelesen werden ☐

3. Ich möchte zur Verbesserung der schriftlichen Kommunikation in meinem Unternehmen beitragen .... ☐

4. Ich möchte durch eine bessere Protokollführung Zeit und Nerven sparen .... ☐

5. Ich möchte endlich einen Überblick über die genauen Protokollregeln haben .... ☐

6. Ich möchte Sicherheit im Umgang mit Aktennotizen und protokollähnlichen Berichten haben .... ☐

Machen Sie sich die Mühe, und blättern Sie beim Durcharbeiten immer wieder zu dieser Seite zurück. Wenn Sie Ihre persönlichen Ziele nie aus den Augen verlieren, wird auch Ihr Nutzen aus diesem Buch ein größerer sein.

Teil 1:
Allgemeines

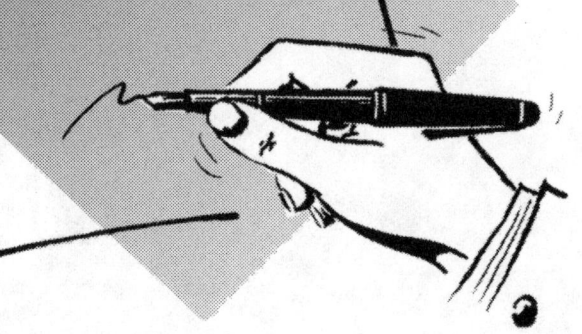

Prüfen Sie einmal zwei Tage lang den Inhalt aller schriftlich weitergegebenen Informationen in Ihrem Arbeitsbereich! Wie spielt sich schriftliche Kommunikation in Ihrem Unternehmen überhaupt ab?

Untersuchen Sie alle in Berichtsform abgefaßten Informationen wie:

■ Protokolle

■ Aktennotizen

■ Vermerke

■ Kurzberichte

■ Telefonnotizen

■ Gesprächs- und Besprechungsnotizen etc.

☒   ja nein

1. Müssen Sie manche Informationen zweimal lesen? .... ☐ ☐

2. Sind die Informationen oft unvollständig? (Wichtige Fakten, Namen und Daten fehlen oder sind falsch.) .... ☐ ☐

3. Enthalten die Schriftstücke umständliche Formulierungen und überflüssige Floskeln? .... ☐ ☐

4. Wandert manches ungelesen in den Papierkorb? .... ☐ ☐

5. Werden oft subjektive Meinungen und Vermutungen wiedergegeben? .... ☐ ☐

6. Läßt sich nicht unterscheiden, was Fakten und was Vermutungen sind? .... ☐ ☐

7. Wird einiges wiederholt bzw. doppelt erwähnt? .... ☐ ☐

8. Enthalten Besprechungsnotizen oft keine oder mangelhafte Angaben über Ergebnisse und Maßnahmen? .... ☐ ☐

9. Wird das Protokoll der Sekretärin im nachhinein vom Chef sowieso verbessert bzw. neu diktiert? .... ☐ ☐

10. Diktieren einzelne Sitzungsteilnehmer im nachhinein ihre eigenen Stellungnahmen ins Protokoll? .... ☐ ☐

11. Ist bei Besprechungen oft unklar, wer mitschreibt, oder wird derjenige erst im nachhinein bestimmt? .... ☐ ☐

12. Wird aus mehreren Teilmitschriften ein Protokoll zusammengefügt? .... ☐ ☐

13. Wird die so entstandene Niederschrift von einer anderen Person überarbeitet? .... ☐ ☐

14. Schreiben bei wichtigen Meetings oft hochbezahlte Mitarbeiter (in Langschrift) mit? .... ☐ ☐

15. Gibt es zwar eigens abgestellte Protokollführer, die aber von der Thematik der Verhandlung/Sitzung wenig Ahnung haben und daher überfordert sind? .... ☐ ☐

16. Läuft bei Konferenzen ein Tonband mit, das dann gekürzt im Protokoll wiedergegeben wird? .... ☐ ☐

17. Werden Protokolle geschrieben, um zu beeindrucken, statt etwas auszudrücken? .... ☐ ☐

Sicher ist Ihnen das Problem nur allzu bekannt: Führungskräfte verschwenden zuviel wertvolle Zeit für das Lesen von unwichtigen Informationen. Sicher vermissen auch Sie mehr Effizienz in der schriftlichen Kommunikation!

Viele Besprechungen sind deswegen ineffizient, weil Ziele, Ergebnisse und Maßnahmen nicht ausreichend festgehalten werden. So geht wertvolle Arbeitskraft verloren, und viele Managementstrategien verlaufen ins Leere.

Durch eine **wertfreie und exakte Wiedergabe** von Vorgängen und Beschlüssen können Sie all das verhindern!

Diesen Arbeitsschritt der Protokollierung können Sie auch nicht Ihrer EDV übertragen – Protokolle müssen immer individuell erstellt werden.

Bedeutende Gespräche und Vorgänge richtig in Protokollform verpackt, spart viel Zeit und Kraft – Sie haben jederzeit Zugriff auf die wichtigsten Informationen!

Wozu brauchen Sie gute Protokolle?

■ **als Information:** für alle Nichtanwesenden, für »Vergeßliche«;

■ **als Ergebnisliste:** Zusammenfassung aller Ergebnisse und Maßnahmen, die auch durch die Unterschriften der Teilnehmer bestätigt werden;

■ **als Grundlage zur weiteren Bearbeitung:** die Kompetenzen werden klar festgelegt;

■ **als Beweis:** Dokumentation des genauen Verlaufes, bei wichtigen Rechtsgeschäften unerläßlich, Beweismittel im Strafverfahren etc.;

■ **als Analysehilfe:** Grundlage für weitere Veranstaltungen, zur effizienteren Gestaltung von Meetings u. ä., zur Personalbeurteilung.

→ **Ein effizienter Protokollstil prägt darüber hinaus die Kultur eines Unternehmens – er prägt das Image und spiegelt Strategie und Taktik des Managements wider!**

Wann ein Protokoll?

Anlässe, um ein Protokoll zu verfassen, gibt es in jedem Unternehmen viele – nicht nur wichtige Sitzungen und Konferenzen sollten schriftlich festgehalten werden. Gespräche mit Kunden, Mitarbeitern, Behörden etc. dienen nur dann dem Gesamterfolg, wenn die wichtigsten Fakten und Ergebnisse auch schriftlich festgehalten und somit nachvollziehbar sind.

Zumindest eine kurze Gesprächsnotiz sollte jedem wichtigen Gespräch folgen – auch das ist Protokollführung!

Ausführliche Verlaufsprotokolle werden meist nur mehr in den Spitzen der Wirtschaft, der Verwaltung und der Politik verfaßt – trotzdem gelten die gleichen Regeln wie für einfache Ergebnisprotokolle.

Hier einige Anlässe der Protokollführung:

- Besprechungen

- Sitzungen, Meetings

- Konferenzen

- Verhandlungen

- Wichtige Telefongespräche

- Vorträge

- Referate mit anschließender Diskussion

- Mündliche Vereinbarungen über strittige oder bis dahin ungeklärte Sachverhalte

- Besprechungen mit amtlichen Stellen

- Sachverhalte, die Eingang in Akten finden sollten

- Vorfälle oder Gespräche, die in die Personalakte von Mitarbeitern gehören

Um ein gutes Protokoll zu verfassen, müssen viele Interessen »unter einen Hut« gebracht werden:

■ Sitzung	■ Protokoll
Es wird viel geredet.	Es soll knapp und klar sein.
Alle reden gleichzeitig.	Es muß der Wahrheit entsprechen.
Emotionen werden laut.	Es muß objektiv sein.
Vieles ist unwichtig.	Es soll nur das Wesentliche beinhalten.
Manches gehört nicht zum Thema.	Es soll nur Tatsachen enthalten.
Jeder Teilnehmer will gut wirken.	Es soll keine Gefühle und Vermutungen enthalten.

→ **Aus dem großen Wortsalat ein ausgewogenes Protokoll zu erstellen ist eine Kunst, die Sie in den folgenden Kapiteln trainieren können!**

Protokolle im engeren Sinn lassen sich unterscheiden in:

- **Wortprotokoll**
  jede Wortmeldung wird dokumentiert, stilistische Korrekturen sind erlaubt;

- **Verlaufsprotokoll**
  der gesamte Verlauf einer Verhandlung wird wiedergegeben, jedoch nicht wörtlich;

- **ausführliches Ergebnisprotokoll**
  geraffte Wiedergabe aller wesentlichen Beiträge, die zum Gesamtergebnis führen;

- **Ergebnisprotokoll**
  enthält nur die Ergebnisse, Beschlüsse und Entscheidungen;

- **Gedächtnisprotokoll**
  der Sitzungsverlauf wird nachträglich festgehalten;

- **Kurzprotokoll**
  kurze Angaben zum Inhalt einer Sitzung und deren Ergebnisse.

Ebenfalls in Protokollsprache abgefaßte Berichte:

- **Telefonnotiz**
  enthält alle Fakten und Ergebnisse wichtiger Telefonate;

- **Aktennotiz**
  Entscheidungen, Tatsachen und Ergebnisse werden nachträglich festgehalten;

- **Aktennotiz in Personalakten**
  einen Mitarbeiter betreffende Tatsachen und Gesprächsergebnisse sollen in der Personalakte vermerkt werden;

- **Besprechungsnotiz**
  Ergebnisse eines Gespräches im kleinen Kreis werden nachträglich schriftlich zusammengefaßt;

- **Vermerke;**

- **Vortragsniederschrift**
  Festhalten von Vorträgen oder Referaten – mehr oder weniger ausführlich.

→ **Alle Arten von Protokollen enthalten Ergebnisse und Maßnahmen sowie die zugehörigen Termine und verantwortlichen Personen.**

Teil 2:
Was Sie vorher wissen sollten

RAHMENBEDINGUNGEN

WER IST DER PROTOKOLLFÜHRER?

VORAUSSETZUNGEN

ZEITPLAN

STANDARD

TONBAND

Klare Richtlinien zur Protokollerstellung schaffen Überblick und Sicherheit in Ihrem Unternehmen.

Der folgende Teil soll Ihnen helfen, die geeigneten Rahmenbedingungen für problemlose schriftliche Kommunikation in Protokollform zu schaffen.

Wenn Sie sich einige Punkte im vorhinein überlegen, sparen Sie im Bedarfsfall viel Zeit und unangenehme Überraschungen.

Dazu gehört im wesentlichen die Klärung folgender Fragen:

■ Wer ist Protokollführer?

■ Was sind die Voraussetzungen für ein gutes Protokoll?

■ Wieviel Zeit steht für die Verfassung des Protokolls zur Verfügung?

■ Ist ein standardisiertes, kurzes Protokoll möglich?

■ Kann ein Tonband verwendet werden?

Wer ist Protokollführer?

Protokollführung ist eine Stabsaufgabe. Überlegen Sie vorher, wer dafür in Ihrem Unternehmen geeignet ist.
Die folgende **Checkliste** soll Ihnen dabei helfen.

Ein guter Protokollführer sollte ... ☒

... über gute Deutschkenntnisse verfügen .... ☐

... sicher in Grammatik, aktueller Rechtschreibung und Zeichenset-
zung sein .... ☐

... Protokollstil und Protokollsprache beherrschen .... ☐

... Gesprochenes in Geschriebenes umsetzen können .... ☐

... Thematik, Probleme und Ziele der Sitzung kennen .... ☐

... den Teilnehmerkreis kennen .... ☐

... Stenographie beherrschen oder sehr rasch mitschreiben können ... ☐

... Verantwortung tragen können – das Protokoll wird von ihm unter-
schrieben .... ☐

... unbeeinflußbar sein .... ☐

... beurteilen können, was wesentlich und was unwesentlich ist ...... ☐

➜ **Protokollführung ist eine oft unterschätzte Leistung!
Vermeiden Sie Notlösungen!**

Kennen Sie folgende Situationen?

Fall 1

Eine wichtige Sitzung steht bevor – der Einkauf und der Verkauf eines Unternehmens sollen miteinander abgestimmt werden, da einige logistische Änderungen vorgenommen werden sollen.

Von fast allen Seiten sind Widerstände zu erwarten. Außerdem verlaufen Sitzungen mit dem Einkaufsleiter, Herrn Kollerik, und dem Verkaufschef, Herrn Tober, sowieso immer sehr heftig! Natürlich weigert sich wieder einmal jeder angesprochene Mitarbeiter, Protokoll zu führen.

Was tun?

Ach ja, es gibt ja noch Frau Tüchtig, die neue Sekretärin vom Chef! Die kann das sicher, sie ist perfekt in Stenographie und in Stilfragen.

Das ist die Lösung – oder?

Wo sehen Sie Probleme?

Ihre Bedenken:

Oder folgende Situation:

Fall 2

Nächste Woche findet das große Außendienstleitermeeting statt. Eine völlige Neuorganisation des Außendienstes soll dabei beschlossen werden. Natürlich werden wieder einige dagegen sein, aber letztendlich werden schon alle zustimmen. Ein gutes Protokoll ist wichtig, aber leider ist Frau Schreiber, die diese Aufgabe sonst immer wahrnimmt, im Krankenstand.

Sofort meldet sich Herr Weiß, ein junger, tüchtiger und aufstrebender Mitarbeiter, freiwillig.

Er ist mit der Materie bestens vertraut, schließlich hat er die Konkurrenz-analyse in diesem Zusammenhang erstellt.

Daß er eigentlich kaum Stenographie beherrscht, macht er schon irgendwie wett — er ist noch immer mit jeder neuen Situation zurechtgekommen!

Was wird passieren?

Ihre Bedenken:

Anmerkungen der Autoren:

Zu Fall 1:

Mitarbeiter, die mit einer Materie nicht vertraut sind, werden hoffnungslos überfordert!

Außerdem ist es fast unmöglich, eine heiße Diskussion schriftlich wiederzu-geben, wenn man mit der Materie nicht vertraut ist und die Sitzungsteilnehmer nicht kennt.

Zu Fall 2:

Ein hochqualifizierter Mitarbeiter, der mit der Materie bestens vertraut ist, ist ebenfalls falsch eingesetzt. Seine wertvollen Diskussionsbeiträge gehen so verloren.

Außerdem ist die Gefahr groß, daß er sich zu sehr vom Gespräch mitreißen läßt und aufs Mitschreiben vergißt. Sicher hat er auch eine sehr gefestigte Meinung zu diesem Thema — ist er da noch objektiv genug?

Und mit mangelhaften Stenokenntnissen wird er sich sicher schwertun!

Voraussetzungen für ein gutes Protokoll

So, gehen wir nun davon aus, daß der ideale Protokollführer gefunden ist – gehen wir weiters davon aus, daß Sie diese Person sind – jetzt gilt es noch, einige wichtige Punkte abzuklären:

■ Haben Sie schon **frühere Protokolle** zu dieser Sitzung gelesen?

Nur so machen Sie sich mit der Art und Weise, wie in Ihrem Unternehmen Protokoll geführt wird, vertraut. Beispiele helfen gerade am Anfang sehr.

■ Wissen Sie über das **Thema der Sitzung** genau Bescheid?

Sie sollten mit dem Verhandlungsgegenstand vertraut sein und alle Fachausdrücke kennen.

■ Kennen Sie die **Verhandlungs- oder Sitzungsteilnehmer**?

Informieren Sie sich zumindest über Namen, Titel und Positionen all jener, die an der Sitzung teilnehmen.

Informieren Sie sich über deren Sachkenntnisse, Interessen und Ziele.

Wer hat welche Entscheidungsbefugnis? Inwieweit sind die einzelnen Teilnehmer von etwaigen Beschlüssen betroffen?

Je mehr Sie auch über persönliche Merkmale und Verhandlungsstil der Teilnehmer wissen, desto besser!

■ Kennen Sie die **Tagesordnung**?

Sie sollten alle Punkte, die in der Sitzung behandelt werden, in ihrer Reihenfolge kennen.

Üblich ist meist eine Einteilung in

– Anträge
– Beiträge einzelner Teilnehmer
– Diskussion
– Beschluß

■ Wissen Sie über die **Geschäftsordnung** Bescheid?

Die Geschäftsordnung legt die Art und Weise, wie die einzelnen Punkte behandelt werden, fest:

– Unter welchen Voraussetzungen kann ein Beschluß gefaßt werden?

– Welche Mehrheiten sind dafür notwendig?

– Gibt es Redezeitbeschränkungen?

– Wann kann jemandem das Wort entzogen werden?

– Gibt es eine namentliche Abstimmung? etc.

■ Besitzen Sie alle notwendigen **Vorinformationen**?

Nur das entsprechende »Insiderwissen« ermöglicht es Ihnen, Wichtiges von Unwichtigem zu trennen.

■ Kennen Sie die erforderlichen **formalen Richtlinien**?

– Wie wird ein Protokoll abgefaßt?

– Was steht am Anfang, was am Ende?

– Wer muß unterschreiben?

– Wer scheint im Verteiler auf?

■ Haben Sie auch die nötige **Zeit**?

Möglichst gleich im Anschluß an die Sitzung sollten Sie ungestört arbeiten können.

Sie benötigen Zeit, um sich in Ruhe mit allen Punkten des Protokolls nochmals auseinanderzusetzen. Je länger eine Sitzung zurückliegt, desto weniger sind Ihnen wichtige Details noch im Gedächtnis.

Planen Sie also Ihren Zeitbedarf **gleich im Anschluß** an die Sitzung!

Eine Tatsache wollen wir Ihnen nicht länger verheimlichen:

Ein gutes Protokoll zu erstellen, ist durchaus aufwendig und kann unter Umständen auch sehr viel Zeit in Anspruch nehmen.

Um den genauen Zeitbedarf besser planen zu können, sollten Sie folgende Checkliste durchgehen:

☒

1. Wie lange dauert die Sitzung voraussichtlich? .... ☐
2. Sind die behandelten Themen schwierig? .... ☐
3. Habe ich noch wenig Routine im Protokoll führen? .... ☐
4. Bin ich mit den Themen und den Unternehmenszielen noch nicht so vertraut? .... ☐
5. Benötige ich daher viel Einarbeitungszeit? .... ☐
6. Kenne ich die Teilnehmer nicht oder nur wenig? .... ☐
7. Haben die Teilnehmer erfahrungsgemäß eine schlechte »Redediszi-plin«? .... ☐
8. Sind meine Stenokenntnisse nicht so perfekt? .... ☐
9. Habe ich wenige oder keine technischen Hilfsmittel zur Verfügung? (Tonband, Diktaphon) .... ☐
10. Kann ich nicht auf Protokolle vorangegangener Sitzungen als Bei-spiel zurückgreifen? .... ☐
11. Sind erfahrungsgemäß umfangreiche Beilagen erforderlich? ...... ☐
12. Ist die Abstimmung bei der Endredaktion meist schwierig? ...... ☐
13. Müssen viele, oft schwer erreichbare Personen unterschreiben? ... ☐

Je mehr Fragen unserer Checkliste Sie mit »Ja« beantwortet haben, desto großzügiger sollte Ihre Zeitplanung aussehen.

Machen Sie nicht den Fehler, nur die Sitzungsdauer zu beachten. Vor allem die Vorbereitungszeit wird oft vergessen: je besser vorbereitet Sie in die Sitzung gehen, desto schneller können Sie anschließend Ihre Mitschrift auswerten.

Alles in allem kann der gesamte Zeitaufwand das Doppelte bis Dreifache (!) der Sitzungszeit ausmachen!

Hier einige Richtlinien für Sie:

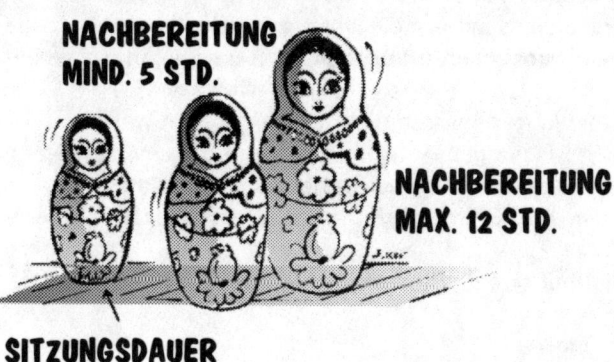

NACHBEREITUNG MIND. 5 STD.

NACHBEREITUNG MAX. 12 STD.

SITZUNGSDAUER 3 STD.

NACHBEREITUNG MIND. 10 STD.

NACHBEREITUNG MAX. 12 STD.

SITZUNGSDAUER 5 STD.

Standardisierte Protokolle

Wie Sie in den vorangegangenen Kapiteln gesehen haben, kann die Erstellung eines guten, aussagefähigen Protokolls sehr viel Zeit und Mühe beanspruchen.

Manchmal genügt es auch, wenn nur die wichtigsten Punkte der Diskussion oder nur die Ergebnisse kurz dokumentiert werden (zum Beispiel im sogenannten Ergebnisprotokoll).

Die einzelnen Wortmeldungen müssen nicht wiedergegeben werden.

In diesem Fall sparen Sie einigen Aufwand ein, wenn Sie einmal erstellte »Protokollblätter« verwenden, die Sie nach eigenen Bedürfnissen und Layoutwünschen selbst anfertigen können. Die Gliederung ist dann vorgegeben, Sie müssen nur mehr »ausfüllen«!

Was so ein »Protokollblatt« enthalten sollte:

- Thema der Besprechung

- Termin

- Teilnehmer

- Ziele der Besprechung

- eventuell Bemerkungen

- Ergebnisse

- Maßnahmen

- Zuständigkeiten

- Termine zu den Maßnahmen

- Verteiler

- eventuell Beginn und Ende der Besprechung

- Schriftführer

Für viele kleinere Besprechungen ist diese Form der Dokumentation ausreichend – die wichtigsten Bestandteile jedes Protokolls sind enthalten:

- Das Ergebnis

- Die Maßnahmen

- Das Zeitlimit

- Die Zuständigkeit

Das ist Herr Kannalles – jung, dynamisch und auf dem Weg nach oben.

Herr Kannalles ist sehr stolz auf seinen neuen Job als Assistent des Abteilungsleiters.

Heute wurde er sogar beauftragt, bei einer wichtigen Sitzung aller Abteilungsleiter als Protokollführer zu agieren. Diese Aufgabe übernimmt sonst immer die erfahrene Sekretärin seines Chefs. Sie fühlt sich natürlich übergangen und ist äußerst verärgert. Sie bezweifelt, ob Herr Kannalles dieser Aufgabe auch wirklich gerecht werden kann.

»Das wäre ja gelacht!« denkt Herr Kannalles, »ich zeige allen, wie so etwas richtig geht!«

Ein kleines Problem hat Herr Kannalles: Seine Stenokenntnisse sind leider etwas verschüttet – das braucht man ja heutzutage sowieso kaum noch! Aber was soll's, er hat gleich eine Lösung gefunden: Wozu gibt es in seinem Büro dieses tolle neue Diktiergerät, das auch weiter entfernte Stimmen ziemlich »geräuschfrei« aufzeichnet! Er kann sich so auf die Sitzung konzentrieren und nachher mit Hilfe des Bandes ein perfektes Protokoll anfertigen ... ist doch ideal – oder?

Die Sitzung wird ziemlich lang und turbulent.

Das Thema ist heiß, alle reden durcheinander. Herr Kannalles ist mit den einzelnen Abteilungsleitern noch nicht so vertraut und bemüht sich, alle Namen und Titel zu behalten (auf so was legen die ja großen Wert – nicht auszudenken, wenn ich Herrn Dr. Meier nur »Herrn M.« nenne!).

Während sich der Einkaufsleiter und der Marketingleiter ein heißes Wortgefecht liefern, berichtet der Entwicklungsleiter von einer interessanten Neukonzeption.

Herr Kannalles beginnt indessen eifrigst mitzudiskutieren, schließlich hat er ja zu diesem Thema auch etwas zu sagen! Die vorwurfsvoll hochgezogenen Augenbrauen seines Chefs stoppen ihn jedoch gleich wieder.

Trotzdem immer noch sehr zuversichtlich, lauscht Herr Kannalles nun dem »Schlußplädoyer« des Vorstandsvorsitzenden. Der Mann hat den Ruf, sich gerne reden zu hören, und wird diesem Ruf vollauf gerecht. Die ersten Erschöpfungserscheinungen machen sich bei Herrn Kannalles bemerkbar.

Aber – was soll's, er hat ja sein Tonband!

Zurückgekehrt in die abgeschiedenen vier Wände seines Büros, geht Herr Kannalles voll Eifer an die Arbeit. Doch – nach einiger Zeit macht sich in diesen vier Wänden Verzweiflung breit.

Herr Kannalles rauft sich die Haare:

- Soll er wirklich alles, was da vom Band tönt, niederschreiben?

- Wo kann er kürzen, zusammenfassen, ändern?

- Um überhaupt zusammenfassen zu können, muß er ja alles erstmal im Wortlaut niederschreiben – o Schreck, das dauert ja ewig!

- Wird das ganze Protokoll nicht viel zu lang werden?

- Wer redet denn da jetzt eigentlich? Es war ja schon schwierig genug, alle Namen und Titel zu behalten – aber an den Stimmen erkennt er niemanden!

- Da, im Hintergrund sagt irgend jemand etwas – war das nicht etwas sehr Wichtiges? Leider versteht man kein Wort, weil zwei andere Teilnehmer nicht gerade druckreif, dafür um so lauter miteinander argumentieren.

- Was ist, wenn jemand dieses Band abhört? Das wäre ein »gefundenes Fressen« für einige Nichtbeteiligte, über die ganz schön hergezogen wurde. Und die neuen Expansionspläne sind ja noch ganz geheim! Ich muß dieses verflixte Band im Anschluß sofort vernichten.

So, Herr Kannalles, und hoffentlich sind auch Sie nach dieser gar nicht so realitätsfernen Schilderung um eine Erfahrung reicher:

→ **Ein Tonband ist als alleinige Grundlage für ein Protokoll ungeeignet!**

Selbst ein Anfänger in Sachen Protokoll

- – setzt beim Mitschreiben automatisch Gesprochenes in Geschriebenes um;

- – läßt Unwichtiges weg;

- – notiert sich die Namen zu den Wortmeldungen.

Seine Mitschrift schafft ihm Überblick!

Bei streng geheimen Sitzungen darf meist sowieso nur ein beeideter Protokollführer mitschreiben.

Trotzdem kann jedoch ein Tonband **zusätzlich** sehr hilfreich sein, und zwar

- ■ zum Auffüllen von Textlücken;

- ■ zum Überprüfen, ob man alles Wesentliche festgehalten hat;

- ■ als zusätzliche Dokumentation und als Beweis ist es manchmal sogar Vorschrift laut Satzung, ein Tonband mitlaufen zu lassen.

Teil 3:
Schritt für Schritt
zum perfekten Protokoll

Der Protokollrahmen

Zu einem guten Protokoll gehören zunächst ein passender Anfang und ein passendes Ende. Beide Teile bilden gemeinsam den »Protokollrahmen«, der das perfekte Protokoll perfekt umrahmt. Egal, welche Art von Protokoll Sie erstellen, der Protokollrahmen ist im wesentlichen überall gleich.
Welche Punkte muß so ein Rahmen also enthalten?

■ **Was wurde besprochen?**

Das **Thema** und die **Art der Sitzung** sollten zunächst festgehalten werden. Außerdem gehört hier die **Tagesordnung** erwähnt.
Die einzelnen Punkte sollten schon vor der Sitzung festgelegt und an alle Teilnehmer verschickt werden.

■ **Wann wurde besprochen?**

Hierher gehören **Tag**, **Uhrzeit**, **Anfang** und **Ende** der Sitzung. Diese Angaben können sowohl am Anfang als auch im Schlußteil untergebracht werden.
Möchten Sie den offiziellen Charakter einer Besprechung betonen, können Sie die genaue Minutenzeit anführen, z. B.:

> *Beginn:*   *9.05 Uhr*
> *Ende:*   *16.39 Uhr*

Ansonsten wird auf eine viertel oder halbe Stunde aufgerundet.

■ **Wo wurde besprochen?**

Der Ort der Verhandlung sollte durch die genaue Adresse und die nähere Bezeichnung sowie durch die Angabe der Räumlichkeiten erfolgen, z. B.:

> *Hauptverwaltung*
> *Kärntner Ring 3*
> *1010 Wien*
> *Großes Sitzungszimmer*

■ Wer hat besprochen?

Der (die) Veranstalter können meist schon aus dem Titel der Sitzung entnommen werden oder sollten bei der Art der Sitzung angeführt werden, z. B.:

Protokoll
über
die 17. Aufsichtsratssitzung der H & H AG, Wien

Die Namen der Teilnehmer sind in der Teilnehmerliste zu finden:

Die Teilnehmerliste

– An oberster Stelle der Teilnehmerliste steht der *Name des Vorsitzenden*.

– Alle anderen Teilnehmer werden im Anschluß namentlich angeführt, wobei bis zu insgesamt acht Teilnehmer am Beginn oder im Schlußteil untergebracht werden können. Bei mehr als acht Teilnehmern sollte eine eigene *Namensliste* beigefügt werden.

– Es entspricht der »Kultur« Ihres Unternehmens, ob die Teilnehmer alphabetisch, nach Rang und Position gereiht oder einfach »bunt gewürfelt« angeführt werden.

– Außer dem (richtig geschriebenen) Namen muß auch *Titel* und *Position* angeführt sein – und zwar genau nach dem letzten Stand!

– Sollten Sie bei einigen Teilnehmern nicht ganz sicher sein, erkundigen Sie sich besser in dessen Sekretariat oder an anderer kompetenter Stelle. Vielleicht hat sich die Position erhöht, wurde ein Titel verliehen? Oft sind es gerade diese Kleinigkeiten, die den Erfolg ausmachen.

– Wenn Personen nur *zeitweise* an der Sitzung *teilnehmen,* sollte das im Protokoll ebenfalls vermerkt werden, z. B.:

Herr Dr. Müller verläßt die Sitzung um 9.35 Uhr.

oder:

Herr Mag. Spät kommt zur Sitzung um 10.45 Uhr.

– Wenn eingeladene Personen der Sitzung *fernbleiben,* sollte angemerkt werden, ob entschuldigt oder unentschuldigt!

■ **Zum Schluß**

steht eventuell das   **Datum,**

aber auf alle Fälle der   **Name des Protokollführers
                                                  und des Vorsitzenden**

sowie die   **Unterschrift des
                                                  Protokollführers** und des
                                                  Vorsitzenden.

Vergessen Sie auch nicht, einen   **Verteiler** anzufügen!

Jetzt haben Sie den Rahmen richtig gestaltet – in diesen Rahmen kommt nun das
»eigentliche Kunstwerk«, Ihr Protokoll.

Wie dieses Kunstwerk nun entsteht, das wollen wir im Anschluß Schritt für Schritt
zeigen und üben. Machen Sie mit!

Die 12 (Protokoll)gebote

→ **Ein gutes Protokoll muß:**

I.   wahr sein;

II.   objektiv und sachlich sein;

III.   auf Tatsachen beruhen, nicht auf Gefühlen und Meinungen;

IV.   auch für Nichtbeteiligte problemlos verständlich sein;

V.   auf das Wesentliche beschränkt sein;

VI.   logisch gegliedert und aufgebaut sein;

VII.   in Länge und Ausgestaltung dem Zweck angepaßt sein;

VIII. in leichtverständlichem, klarem Deutsch abgefaßt sein;

IX.   ohne unnütze Floskeln und Stilblüten auskommen;

X.   in der Gegenwart und meist in der indirekten Rede abgefaßt sein;

XI.   Anträge und Beschlüsse wörtlich und in direkter Rede wiedergeben;

XII.   auch optisch leserfreundlich gestaltet sein.

Wenn Sie diese 12 Gebote wirklich immer beachten, haben Sie schon eine große Hürde auf dem Weg zum perfekten Protokoll genommen!
So, jetzt ist es an der Zeit, das bisher Gelernte zu überprüfen.

Was ist nun für einen guten Bericht in Protokollform wichtig?
Kreuzen Sie die jeweils in Ihren Augen richtige Aussage an.

Aussage A:

1. Ein Protokoll ist ein Bericht über eine Sitzung, die ein Fachthema zum Inhalt hat und an der Fachleute teilnehmen – es können daher ruhig viele Fachausdrücke und Abkürzungen vorkommen, weil diese allen Beteiligten vertraut sind .... ☐

2. Eine lebendige Schilderung der Sitzung schadet dem Protokoll nicht, es soll ja ein »Bild« vor dem Leser entstehen .... ☐

3. Wichtiger als anschauliche Schilderungen des Sitzungsverlaufes ist die möglichst detailgenaue Wiedergabe aller Tatsachen und Wortmeldungen .... ☐

Aussage B:

1. Ein Protokoll sollte nicht zu stark zergliedert sein – jeder, der ein Protokoll liest, sollte auch wirklich das Ganze lesen und nicht nur einzelne Wortmeldungen etc. Nur so kann er sich ein umfassendes Bild machen .... ☐

2. Jeder Diskussionsteilnehmer hat ein Recht auf die genaue Wiedergabe seiner Wortmeldungen. Zuviel Zusammenfassen wertet einzelne Teilnehmer möglicherweise ab .... ☐

3. Durch Unterstreichen, Einrücken etc. soll Wichtiges hervorgehoben werden – ebenso jeder angeführte Redner. Bei mehreren Wortmeldungen, die dieselbe Meinung beinhalten, kann zusammengefaßt werden .... ☐

Aussage C:

1. Das Verhalten der Teilnehmer liefert auch wichtige Informationen. Es ist daher durchaus zulässig, z. B. Zwischenrufe als »aggressiv vorgetragen« oder »beleidigend im Tonfall« näher zu beschreiben ☐

2. Nur das tatsächlich gesprochene Wort (eventuell sachlich gekürzt) zählt – es kann sich dann jeder Leser selbst ein Bild machen und Schlußfolgerungen ziehen .... ☐

3. Polemische Äußerungen einzelner Teilnehmer sollten ausnahmslos im Protokoll erscheinen, um das »Klima« einer Sitzung zu verdeutlichen .... ☐

Aussage D:

1. Ein Protokoll ist immer auch ein ausführlicher Bericht. Um wirklich als späterer Beweis zu dienen, muß möglichst alles dokumentiert werden. Sonst beruft sich nachher jeder darauf, daß gerade seine Wortmeldung weggelassen wurde .... ☐

2. Es genügt, alles möglichst kurz und sinngemäß wiederzugeben. Auch bei Beschlüssen ist ja nur wichtig, wer jetzt wirklich was bis wann zu tun hat .... ☐

3. Ein Protokoll sollte immer mit Rücksicht auf den Leser verfaßt werden: Dieser steht meist unter Zeitdruck und möchte möglichst wenig lesen müssen. Andererseits soll er sich aber auch auskennen: Anträge und Beschlüsse sind daher auch wörtlich wiederzugeben ☐

Anmerkungen der Autorinnen finden Sie auf der nächsten Seite.

Anmerkungen der Autorinnen:

Zu A:

Selbstverständlich gilt hier Punkt 3, da Ihr Protokoll weder Emotionen und Gefühle noch zu umfangreiche Fachausdrücke beinhalten sollte.

Zu B:

Wenn Sie Punkt 3 ausgewählt haben, sind Sie auf dem richtigen Weg.

Zu C:

Lösung ist Punkt 2, da ein Protokoll auf das Wesentliche beschränkt, sachlich und nicht wertend abgefaßt werden soll.

Zu D:

Trotz Beschränkung auf das Wesentliche müssen Anträge und Beschlüsse wörtlich und in direkter Rede abgefaßt werden, daher Punkt 3 als Lösung.

Für den Leser schreiben

Den wichtigsten Grundsatz für erfolgreiche schriftliche Kommunikation und somit auch für Ihr Protokoll wollen wir Ihnen am Schluß nahelegen:

→ **Schreiben Sie für den Leser – einfach, möglichst kurz, prägnant und übersichtlich gegliedert.**

Die Umsetzung dieses Grundprinzips in die Praxis gelingt am besten, wenn Sie alles, was Sie niederschreiben, **mit den Augen eines späteren Lesers** betrachten!

Und beachten Sie: Sie schreiben nicht, um zu beeindrucken, sondern um wirklich gelesen zu werden!

Die letzten Theorie-Tips

So, nun ist es also soweit — in Ihrem Terminkalender für den morgigen Tag steht:

8.00 Uhr   Abteilungsleitermeeting
*   Protokollführer*

Da Sie ein gewissenhafter Mensch sind, wollen Sie sich natürlich schon heute genau darauf vorbereiten — Sie haben alle notwendigen Vorinformationen eingeholt, notiert und sich so in die Materie eingearbeitet. Was brauchen Sie nun als »Handwerkzeug« für morgen?

Checkliste – Was Sie vorher brauchen:

☒

1. Linierte Blätter A4 oder Stenoblock .... ☐

2. Genügend Schreibmaterial .... ☐

3. Nehmen Sie für jeden Tagesordnungspunkt ein neues Blatt ...... ☐

4. Numerieren Sie die Blätter .... ☐

5. Legen Sie ein Blatt für persönliche Notizen an, am besten in einer separaten Farbe .... ☐

6. Schreiben Sie die Sitzordnung auf, oder bereiten Sie sie so vor, daß Sie die genaue Sitzordnung morgen nur einzutragen brauchen ... ☐

7. Überlegen Sie sich für jeden Namen eine Abkürzung oder Nummer – schreiben Sie sie auf eine Liste, und prägen Sie sich diese ein ☐

8. Lassen Sie sich auch für die einzelnen Themen bzw. Tagesordnungspunkte Abkürzungen einfallen .... ☐

9. Sie sollten sich auch stenographische Abkürzungen für häufig zu erwartende Fachausdrücke überlegen .... ☐

10. Machen Sie sich mit den Räumlichkeiten vertraut .... ☐

Noch einige Tips aus der Praxis

■ zu den Blättern für die persönlichen Notizen:

▓ Eine andere Farbe erleichtert den raschen Zugriff während der Sitzung.

▓ Notieren Sie sich darauf Unklarheiten oder schlecht verstandene Textstellen, Widersprüchliches, Anträge und Beschlüsse, deren genauen Wortlaut Sie später eruieren müssen.

▓ Beseitigen Sie alle diese Unklarheiten möglichst gleich im Anschluß an die Sitzung oder noch während der Pausen – je früher, desto leichter!

■ Vertrautmachen mit den Räumlichkeiten:

▓ Eine genaue Ortskenntnis verschafft Vorsprung – einprägen, wo beispielsweise der Vorsitzende sitzt und wo Sie sitzen werden.

▓ Genügend Platz sichern – für Ordnung und bequemen Zugriff sorgen. (Es kann äußerst unangenehm sein, wenn ein anderer Sitzungsteilnehmer einen Teil Ihrer Mitschrift einsteckt.)

Und jetzt hinein in die Praxis

Es ist jetzt 8.00 Uhr morgens, und Sie befinden sich auf Ihrem bestens ausgerüsteten »Protokollführerplatz«:

1. Atmen Sie zunächst einmal tief durch, und bewahren Sie Ruhe. Sie stehen ja nicht im Mittelpunkt, Sie sind ja nur objektiver Beobachter!

2. Prägen Sie sich alle Sitzungsteilnehmer genau ein – möglichst nach ihrer Sitzordnung. Schaffen Sie sich dazu Eselsbrücken. (»Es war ja zu erwarten, daß der Herr Pirsch neben Frau Doktor Schön sitzt.«)

3. Grundsätzlich müssen Sie alles mitschreiben, um später zusammenfassen zu können.

   Ausnahme: Wenn Sie schon viel Erfahrung haben, wissen Sie, bei wem Sie unwichtige Floskeln weglassen können und welche Teile Sie auch nur in Stichworten notieren können. Doch **aufpassen:** Man muß schon sehr geübt sein, um dabei nicht doch wesentliche Gesprächsteile zu überhören!

4. Anträge und Beschlüsse müssen Sie immer wörtlich mitschreiben!

5. Bei Rednerwechsel: Lassen Sie nach jeder Wortmeldung zwei Zeilen frei. In die dritte Zeile kommt dann die Abkürzung für den nächsten Redner, in der nächsten Zeile beginnt dann die Mitschrift seiner Wortmeldung. Sie brauchen nämlich Platz für spätere Ausarbeitungsnotizen!

6. Lassen Sie unbedingt neben der Mitschrift eine Spalte leer! Sie brauchen diesen Platz ebenfalls für die spätere Bearbeitung.

Sie schreiben also und schreiben und schreiben – Ihre Hände beginnen sich zu verkrampfen – die beschriebenen Blätter vor Ihnen werden immer mehr und mehr – ist es wirklich notwendig, so viel mitzuschreiben?

Leider ja – ein Beispiel:

Fünf Seiten eines Stenogramms mit insgesamt zehn Rednerwechseln ergaben in der Zusammenfassung folgenden Satz: »*Dr. Meyer meint, daß der Standort Kirchengasse einer neuerlichen Rentabilitätsüberprüfung unterzogen werden sollte, und die Herren Müller, Hinz und Kunz schließen sich dieser Meinung an.*«

Grundsätzlich gilt daher:

■ Je mehr Übung Sie haben, ...

■ je besser Sie die Teilnehmer kennen, ...

■ je besser Sie mit der Materie vertraut sind, ...

■ je aktiver Sie zuhören, ...

... desto kürzer wird Ihre Mitschrift ausfallen und desto leichter fällt Ihnen dann auch die Ausarbeitung – aber umfangreich ist eine Mitschrift immer!

Erschrecken Sie also nicht, hier gilt ausnahmsweise der Grundsatz:

➜ **Lieber mehr als weniger!**

Richtiges Zuhören

Sie haben nun das technische Rüstzeug zum Mitschreiben bei einer Sitzung – gehen wir also einen Schritt weiter:

Wie hört man richtig zu?

Zuhören ist eine einseitige Form der Kommunikation: Der Zuhörer ist nur Empfänger einer Botschaft, nie deren Sender!

Der Empfang der Botschaft erfolgt durch einen Filter – wie wir bereits im vorigen Teil besprochen haben, ist das der Unterschied zum Tonband als Empfänger!

Woraus besteht nun dieser Filter? Schreiben Sie einfach auf, was Ihnen dazu einfällt:

So eigenartig es auch klingen mag: Sie hören auch mit den Augen!

Sie hören ja nicht nur den Ton, Sie sehen auch den Ausdruck des Gesichtes, die Körperhaltung, eventuelle Gesten mit den Händen etc.

Je mehr Sie sich diese visuellen Botschaften einprägen, desto leichter erinnern Sie sich an einzelne Wortmeldungen. Sie geben das Gesehene zwar nicht in Ihrer Mitschrift wieder, aber in Ihrem Kopf ist es gespeichert und somit für Sie eine wichtige Gedächtnisstütze.

Vom Hören und vom Sehen ...

Sind Sie ein **akustischer Typ**?

☒

■ Sie merken sich Gesprochenes und einmal Gehörtes fast wörtlich ☐

■ Sie erinnern sich auch an die Betonung und die genaue Wortwahl ☐

■ Dafür erinnern Sie sich kaum an die Kleidung der einzelnen Redner
– die ist ja auch schließlich bei einem Protokoll nicht so wichtig! ☐

Sind Sie ein **visueller Typ**?
Sie haben es schon etwas schwerer:

☒

■ Sie wissen genau, wer wo gesessen ist .... ☐

■ Sie erinnern sich an Details wie den besonders eleganten Kugel-
schreiber des Herrn Müller .... ☐

■ Sie können die Kleidung jedes einzelnen genau beschreiben. Aber
die Erinnerung an das, was gesprochen wurde, fällt Ihnen schwer ☐

Kein Grund zum Verzweifeln: Sie können Ihre akustische Wahrnehmungsfähigkeit
trainieren.

➜ **Gutes Zuhören ist erlernbar!**

Fangen Sie gleich heute abend an: Schließen Sie einfach bei den Nachrichten im Fernsehen die Augen, konzentrieren Sie sich nur auf das Gehörte, und versuchen Sie, im Anschluß möglichst viel davon wiederzugeben. Nach einigen solchen Trainings gelingt es Ihnen sicher schon besser, sich nur aufs Gehörte zu konzentrieren. Ihre optische Wahrnehmung hilft Ihnen weiter, visuelle Eselsbrücken aufzubauen (z. B. Kleidung als Erinnerungsstütze).

Was Sie als nächstes üben sollten:
Achten Sie genau auf die Betonung der Worte im Satz!
Je nachdem, welches Wort betont wird, ändert sich oft der Sinn des ganzen Satzes.
Die wirkliche Meinung des Redners wird Ihnen nur klar, wenn Sie auf diese »Zwischentöne« hören.
Dazu ein Beispiel:
Lesen Sie jeweils den Satz laut vor, und betonen Sie die fettgedruckten Worte – was ist jeweils gemeint?

»**Diesen Punkt** *kann Frau Mayer nachher genauer erläutern.*«

»*Diesen Punkt* **kann** *Frau Mayer nachher genauer erläutern.*«

»*Diesen Punkt kann* **Frau Mayer** *nachher genauer erläutern.*«

»Diesen Punkt kann Frau Mayer **nachher** *genauer erläutern.«*

»Diesen Punkt kann Frau Mayer nachher **genauer** *erläutern.«*

»Diesen Punkt kann Frau Mayer nachher genauer **erläutern.«**

Die Unterschiede sind doch erstaunlich – gerade bei hitzigen Diskussionen geben die einzelnen Redner durch eine bestimmte Betonung sehr viel von ihren Einstellungen preis!

Wie finden Sie nun die Balance zwischen all den Zusatzbotschaften und dem wirklich Gesagten?

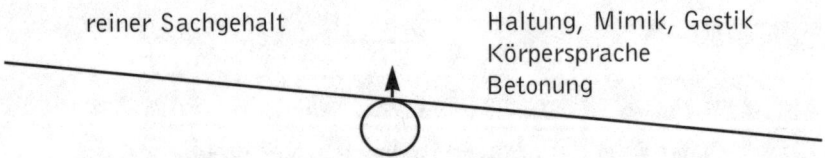

reiner Sachgehalt

Haltung, Mimik, Gestik
Körpersprache
Betonung

Versuchen Sie, möglichst **aktiv zuzuhören**:

■ Gehen Sie objektiv, ohne vorgefaßte Meinungen in die Sitzung.

■ Denken Sie bei jedem Diskussionspunkt mit – schalten Sie nicht einfach ab und reduzieren sich nur aufs Mitschreiben.

■ Gehen Sie auf den Sprecher ein – welche Stellung hat er, welche Machtposition, welche Ziele verfolgt er? Was meint er mit dem Gesagten wirklich?

■ Nützen Sie Ihren »Anfängervorteil« – Sie sind unvoreingenommen und vielleicht objektiver als die »alten Hasen«.

■ Lassen Sie sich durch die gute Rhetorik eines einzelnen nicht blenden – reduzieren Sie auf den Sachgehalt.

■ Auch unscheinbare Wortmeldungen können Wesentliches enthalten.

■ Bewahren Sie den Überblick, auch wenn noch so viele durcheinander reden.

Auch wenn es diese aktive Form des Zuhörens schwierig macht: Lassen Sie sich nie von Emotionen hinreißen – bleiben Sie immer am Teppich des objektiven Beobachters!

Die Hektik hat sich gelegt, die Sitzung ist beendet.

Sie sind erschöpft vom konzentrierten Zuhören, und die Armmuskulatur ist verkrampft vom vielen Schreiben.

Die Ruhe in den eigenen vier Wänden Ihres Büros könnte richtig guttun – wäre da nicht dieser riesige Berg von Unterlagen:

- mehr oder weniger dicht beschrieben,

- mehr oder weniger leserlich

- und irgendwie abschreckend unübersichtlich!

Die riesenhafte Aufgabe der Protokollerstellung liegt vor Ihnen. Die Versuchung ist groß, zunächst einmal alles von sich zu schieben – »Irgendwann mach' ich das schon!«

Der wichtigste Grundsatz zum Abfassen eines Protokolls:

➜ Erstellen Sie Ihr Protokoll möglichst unmittelbar nach der Sitzung!

Nun gut, Sie schieben nichts auf die lange Bank, und Sie fragen sich: »Wie beginne ich?«

Damit sind Sie schon am richtigen Weg – eine umfangreiche Aufgabe gehört in einzelne Teile zerlegt.

Mit dieser »Salamitaktik« – Scheibe für Scheibe abschneiden – wird auch die größte Aufgabe lösbar, die Angst und das Unbehagen verschwinden.

Ihr erster Schritt: Die Bearbeitung der Mitschrift

Wenn Sie Ihre Mitschrift gut lesen können und sich an die im vorherigen Teil erwähnten Regeln – Abkürzungen für Namen, Leerzeilen, Leerspalten – gehalten haben, sind Sie ein Glückspilz:

Sie ersparen es sich, eine Niederschrift Ihrer Mitschrift zu erstellen.

Wenn Sie jedoch Probleme beim Durchlesen haben oder sich sicherer fühlen, wenn Sie alles Mitnotierte ausgeschrieben vor sich haben, scheuen Sie nicht vor dieser Arbeit zurück. Nur so können Sie sichergehen, wirklich nichts Wichtiges vergessen zu haben.

■ Klären Sie zunächst, ob Sie alle Unklarheiten in Ihren persönlichen Notizen beseitigt haben.

■ Legen Sie sich einige Farbstifte (Markierer) bereit.

■ Lesen Sie nun die Mitschrift (Niederschrift der Mitschrift) genau durch.

■ Unterstreichen Sie wichtige Teile.

■ Streichen Sie Unwesentliches.

■ Verwenden Sie Ihre Farbstifte, um Übersicht zu schaffen:

   ■ jedem Thema wird eine Farbe zugeordnet, so können Sie in der freien Spalte neben der Mitschrift das jeweilige Thema in der jeweiligen Farbe kennzeichnen (z. B. T1, T2 etc.).

■ Die Abkürzungen für Namen, die einen Rednerwechsel anzeigen, können Sie entsprechend markieren.

   ■ Beispiel: *Ma: »Was ich zu diesem Thema noch sagen wollte ...«*

■ Notieren Sie, welche Teilnehmer zu den einzelnen Themen gesprochen haben:

　■ Beispiel: *T3 / Ma + Ho + Ma + Li + Ma*
　»Übersetzung«: Zum Thema 3 hat Herr Maar dreimal und die Herren Horn und Lister je einmal gesprochen.

■ Kennzeichnen Sie Anträge und Beschlüsse extra (mit einer eigenen Farbe).

■ In der freien Spalte neben der Mitschrift können Sie sich weitere Hinweise notieren.

　■ Beispiel: *»Beschluß zu T3 erst nach T5.«*

■ Wenn Sie zusätzlich einen Tonbandmitschnitt haben, hören Sie ihn ab, und ergänzen Sie Ihre Mitschrift.

■ Durch die farbige Kennzeichnung einzelner Textteile können Sie leicht mehrere Wortmeldungen zum selben Thema zusammenfassen.

■ Sie können auch mehrere Wortmeldungen eines Teilnehmers an verschiedenen Stellen besser herausgreifen und zusammenfassen.

■ Die genaue Abfolge, wer wann was gesagt hat, ist ausschließlich bei Wortprotokollen wichtig – sonst ist eine sinngemäße Zusammenfassung effizienter!

So, die vielen Zettel vor Ihnen sehen nun schon wesentlich bunter und vor allem übersichtlicher aus!

Ihr zweiter Schritt: Überlegen Sie sich die Gliederung Ihres Protokolls!

- Der Protokollrahmen wurde schon im Abschnitt Formelle Richtlinien – der Protokollrahmen (Seite 30) besprochen.

- Die Gliederung der behandelten Themen kann erfolgen:

  - nach Tagesordnungspunkten,
  - chronologisch und
  - nach sachlichen Zusammenhängen.

- Innerhalb der Themen gliedern Sie in:

  - Berichte, Sachverhaltsdarstellungen
  - Anträge
  - Diskussionsbeiträge
  - Beschlüsse

- Heben Sie wichtige Dinge heraus – durch Unterstreichen, Einrücken etc.

- Unterstreichen Sie die Namen der Redner.

- Schreiben Sie Anträge und Beschlüsse eingerückt.

- Gestalten Sie Ihr Protokoll optisch ansprechend.

Ein Beispiel für die Gliederung eines Protokolls:

Sprecher	Thema	zu bearbeiten/ erledigen von	bis wann
	Thema 1		
Herr Grein	_____		
	_____		
	_____		
	Thema 2		
Herr Meller	_____		
	_____		
Herr Sattman	_____		
	_____		
Herr Leistner	_____	Herr Veit	2.4.2001
	Beschluß		
	_____		
	_____	Frau Grank /	
	_____	Herr Sattman	7.4.2001

Ihr dritter Schritt: Der Rohentwurf

Überlegen Sie nun, wie Sie die einzelnen Diskussionsbeiträge sinnvoll zusammenfassen können.

Bei der Beurteilung, welche Inhalte von Bedeutung sind, sollten Sie folgende Punkte beachten:

1. **Für wen** wird das Protokoll geschrieben?

   Welcher Leserkreis soll das Protokoll bzw. Auszüge davon erhalten?

2. Ist eine genaue **Beweisführung** wichtig?

   Wenn ja, müssen alle relevanten Wortmeldungen genau vermerkt werden, kritische Passagen sogar wörtlich.

3. Ist die Wortmeldung **zum Thema**?

   Ist sie wesentlich, weil darin ein Antrag, eine wichtige Information etc. vorkommt?
   Ist sie für die Beschlußfassung wichtig?

4. Hat die Wortmeldung **persönliche Bedeutung**?

   für den Sprecher
   für andere Teilnehmer
   für andere, nicht anwesende Mitarbeiter/Außenstehende?

Mit diesen Punkten vor Augen fällt es Ihnen sicher leichter, zu unterscheiden, was ins Protokoll gehört und was nicht.

Versuchen Sie es – was gehört Ihrer Meinung nach ins Protokoll?

Herr Plapp ist ein Vielredner – wann immer ein Sekundenbruchteil Ruhe herrscht, redet er. Bei ihm gilt eindeutig der Grundsatz: »Woher soll ich wissen, was ich meine, bevor ich nicht gehört habe, was ich sage?«

Hier einige »Kostproben« von Herrn Plapps Wortgewalt aus dem Protokollstenogramm:

»Ich meine dringend, wir sollten den andauernden Ausbaubestrebungen, die sich in unserer Firma breitmachen, entgegenwirken. Nichts ist gefährlicher, als stagnierende Umsatzriesen noch größer zu machen und so die Fixkosten ins Unermeßliche anwachsen zu lassen!«

»Das Projekt Neufeldstraße ist ein typischer Verlustträger. Der Standort ist ja ganz gut, und unsere Präsenz in dieser Region ist sicher wichtig, ich weiß aber, aus einem geborenen Verlierer wird nun einmal kein Matchwinner! Meine Meinung: Vergessen Sie's, meine Herren!«

»Aber Frau Denk, durch eine radikale Erneuerung der Geschäftsführung und ein Überdenken des Sortiments kann so ein Standort plötzlich ganz anders dastehen!«

»Sie können doch um Gottes willen diese Region Neufeldstraße nicht kampflos der Konkurrenz überlassen! Wir müssen uns halt durchringen und einiges investieren und die Verkaufsflächen vergrößern, dann wird auch der Umsatz steigen, Sie werden schon sehen, meine Herren! Und unseren Herrn König dort halte ich für sehr fähig – der wird schon noch!«

»Wir müssen einfach in größeren Dimensionen denken! Immer nur an Kosten/Nutzen-Analysen zu kleben ist gefährlich! Die große Zukunftsperspektive ist wichtig!«

Ein Mann – viele Worte! Was ist jetzt wichtig? Was kommt in Ihr Protokoll? Schreiben Sie in Stichworten, was Sie wiedergeben würden:

Schritt für Schritt zum perfekten Protokoll

Was tun, wenn eine Person verschiedene Meinungen vertritt?

Grundsätzlich gehen Sie davon aus, daß die **zuletzt geäußerte Meinung** die tatsächlich gültige ist!

Müssen Sie ein sehr ausführliches Protokoll verfassen, bleibt es Ihnen nicht erspart, alle Ergüsse zumindest sinngemäß wiederzugeben und auf die zuletzt geäußerte Meinung hinzuweisen.

Auch wenn Sie nur die zuletzt geäußerte Meinung wiedergeben, bringen Sie ruhig einen **Zusatz** an, der die Meinungswandlungen andeutet, z. B.:

»Nach mehreren anderslautenden Wortmeldungen hat sich Herr Plapp doch zum weiteren Ausbau – vor allem des Projekts Neufeldstraße – bekannt.«

Ganz unerwähnt sollte man Herrn Plapps widersprüchliche Ergüsse doch nicht lassen – sie prägen das Gesamtbild der Sitzung mit!

Zurück zu unserer Sitzungsmitschrift: Der Ausbau oder Nichtausbau in der Neufeldstraße war an diesem Tag ein heißdiskutiertes Thema.

Hier einige weitere Auszüge:

Esch: *»Ich finde, die Zahlen sprechen eine eindeutige Sprache! Was sich so eindeutig nicht rechnet, davon soll man die Finger lassen!«*

P: *»Wie immer bei Ausbauüberlegungen werden wieder einmal die Argumente der Marketing- und Verkaufsabteilung viel stärker beachtet. Wir von der Controlling-Abteilung warnen schon länger vor dieser Fixkostenexplosion in den letzten Jahren. Mein Chef wirft mir das sicher vor, wenn ich das hier nicht klipp und klar nochmals erwähne!«*

Be: *»In der derzeitigen Situation mahne ich eher zur Vorsicht! Ein Großprojekt wie dieses würde ich mindestens ein bis zwei Jahre zurückstellen.«*

Gr: *»Solange der Umsatz stagniert, bin ich gegen eine Vergrößerung!«*

Esch: *»Ich kann den Herren vom Marketing nur nochmals den Hinweis auf die Rentabilitätsberechnungen entgegenhalten – sehen Sie sich doch die Zahlen an!«*

Was würden Sie in Ihr Protokoll aufnehmen?

Was tun, wenn mehrere Personen die gleiche Meinung vertreten?

In diesem Fall können Sie ruhig zusammenfassen und müssen nicht jede Wortmeldung zitieren.

Es genügt ein Hinweis, wer sich der gleichen Meinung anschließt.

Die Wortmeldung des Herrn P. hat für ihn offensichtlich persönliche Bedeutung – er will sich von seinem (abwesenden) Chef nicht vorwerfen lassen, er habe die Meinung seiner Abteilung nicht mit dem gehörigen Nachdruck vertreten. Sie sollte daher Eingang ins Protokoll finden.

Unser Vorschlag:

»Herr Paul bittet nachdrücklich, man möge nicht nur die Marketing- und Verkaufsargumente beachten, sondern auch die Kostenexplosion bedenken. In Anbetracht der Umsatz- und Rentabilitätssituation sprechen sich auch die Herren Esch, Berger und Groß gegen das Projekt aus.«

Ihr vierter Schritt: Die Protokollsprache

Sie haben jetzt entschieden, was alles in Ihr Protokoll kommt.
Aber wie formulieren Sie es?

Regel 1: Die direkte und die indirekte Rede

Die **direkte Rede** verwenden Sie, um Anträge und Beschlüsse wiederzugeben. Sie verwenden dafür die Wirklichkeitsform.

Beispiel: *Der Vorsitzende hält fest, daß das Projekt Neufeldstraße somit abgelehnt wird.*

Die **indirekte Rede** verwenden Sie, um Meinungen und Behauptungen wiederzugeben.
Sie verwenden dafür die Möglichkeitsform.

Beispiel: *Herr Punkt regt an, daß die Umsatzeinschätzung nochmals überprüft werde.*

Wie aber formulieren Sie, wenn der Vorsitzende den ablehnenden Beschluß bekanntgibt und gleichzeitig auch die Meinung äußert: »*Wir können ja bei der Herbstsitzung nochmals darüber reden!*«

Ein Wechsel von direkter und indirekter Rede ist also auch möglich, wenn jemand einen Antrag oder Beschluß ausspricht und gleichzeitig dazu seine Meinung äußert.
Was man für die indirekte Rede braucht ...

... ist die **Möglichkeitsform** oder der **Konjunktiv**.

Da diese Form in der Umgangssprache eher selten verwendet wird, wollen wir hier einige Beispiele anführen:

aus   *»Ich will«*   wird   *»er wolle«*

         »Ich bin«   *»er sei«*

         »Ich darf«   *»er dürfe«*

und jetzt formulieren Sie bitte selbst um:

Herr Lang sagt: »Ich habe diese Meinung schon oft vertreten.«

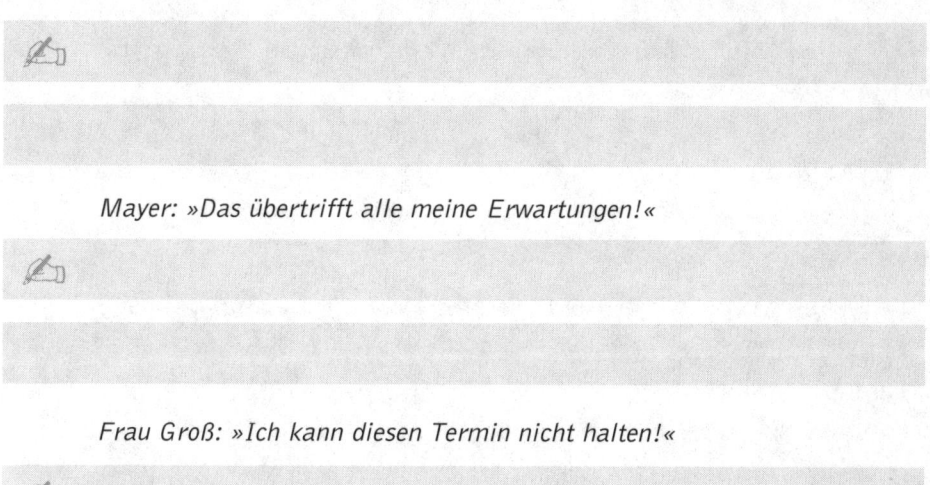

Mayer: »Das übertrifft alle meine Erwartungen!«

Frau Groß: »Ich kann diesen Termin nicht halten!«

Ein Trick zum Vermeiden des Konjunktivs:

An Stelle des Nebensatzes in der indirekten Rede bilden Sie einfach Hauptwörter, z. B. statt

Herr Kunk bestätigt, Frau Manz sei mit der Bitte an ihn herangetreten.

können Sie formulieren:

Herr Kunk bestätigt die Bitte von Frau Manz.

Üben Sie nun diese verkürzte Form!

Herr Zauner berichtet, daß die Verhandlung im Herbst stattgefunden habe.

Herr Luker äußert, daß er dieses Projekt sehr fragwürdig fände.

Frau Kleiner beharrt darauf, daß die Meinung ihrer Abteilung auch angehört werde.

Wie Sie jetzt sicher festgestellt haben, können Hauptwörter einen Satz sehr ver-
kürzen. Sie tragen jedoch nicht immer zur »Eleganz« Ihres Stils bei:

> *»die Anhörung der Meinung der Mitglieder«*
> *»die Wiederaufnahme der Eröffnung der Verhandlung«*
> *»die Zitierung der Ausführlichkeit der Äußerungen«*

Wenn Sie sich in Protokollen (und auch anderswo) umsehen, finden Sie sicher Un-
mengen solcher Stilblüten – daher:

➜ **Vermeiden Sie zuviel »Hauptwörterei«, Zeitwörter wirken meist viel
   dynamischer!**

➜ **»Was ist wirklich passiert?« und nicht »Die Darstellung des Ablaufs
   der Ereignisse!«**

Regel 2: Jeder Redebeitrag beginnt mit einem »Einführungswort«

Beispiel *Herr M teilt mit,*
Frau R gibt bekannt,
Herr T bezweifelt ...

Diese Einführungsworte sind deswegen wichtig, weil sie viel über den Redner und über die Atmosphäre und Stimmung einer Sitzung aussagen. Durch sie entsteht vor dem geistigen Auge des Lesers ein dynamisches Bild vom Hergang der Diskussion.

Auch um Wortwiederholungen zu vermeiden, sollten Sie möglichst viele solcher Worte kennen und richtig – das heißt mit Gefühl und Gespür für die Zusammenhänge – einsetzen.

Testen Sie sich selbst: Auf den folgenden Seiten finden Sie Einführungsworte – wie viele ähnliche Worte fallen Ihnen jeweils ein, wie groß ist Ihr Wortschatz?

Wenn Sie umblättern, finden Sie jeweils auf der Rückseite unsere Vorschläge!

Also viel Spaß beim »Wörtersuchen«!

Wenn ein Redner etwas **allgemein äußert**, etwas **erklärt** ...

Statt erklären kann man auch sagen:

Vorschläge der Autorinnen zur Wahl anderer Worte für einen Begriff finden Sie auf der nächsten Seite ...

Unsere Vorschläge:

sagen
erläutern
anführen
bekanntgeben
Stellung nehmen
denken
auslegen
erwähnen
zu diesem Punkt sprechen
darlegen
feststellen
vorbringen
bemerken
eröffnen
sprechen zu
die Aufmerksamkeit lenken auf
Bezug nehmen
zusammenfassen
eingehen auf
klarlegen
erwägen
einwerfen
davon ausgehen
sich damit befassen
fortfahren
verdeutlichen
versichern
auf etwas aufmerksam machen
sich bereit erklären

Wenn ein Redner **mitteilt, berichtet** ...

Statt mitteilen kann man auch sagen:

Vorschläge der Autorinnen zur Wahl anderer Worte für einen Begriff finden Sie auf der nächsten Seite ...

Unsere Vorschläge:

berichten
ausführen
unterrichten
darlegen
vortragen
referieren
beschreiben
bekanntgeben
Kenntnis geben
zitieren
hinzufügen
schildern
informieren
wissen lassen
übermitteln
verlesen
angeben
erläutern
Auskunft geben

Wenn ein Redner **meint** ...

Statt meinen kann man auch sagen:

Vorschläge der Autorinnen zur Wahl anderer Worte für einen Begriff finden Sie auf der nächsten Seite ...

Unsere Vorschläge:

glauben
behaupten
denken
sich beziehen
geltend machen
Stellung nehmen
auslegen
dafürhalten
annehmen
finden
vermuten
den Eindruck haben
den Standpunkt vertreten
feststellen
der Meinung sein
die Meinung vertreten
für richtig halten
für wichtig halten
dazu neigen
überzeugt sein
der Ansicht sein
davon ausgehen
erachten
kommentieren
folgern
begründen
den Schluß ziehen
bemerken
sich bekennen zu

Wenn ein Redner **betont** ...

Statt betonen kann man auch sagen:

Vorschläge der Autorinnen zur Wahl anderer Worte für einen Begriff finden Sie auf der nächsten Seite ...

Unsere Vorschläge:

verweisen
begründen
hinweisen
wiederholen
aufmerksam machen
Nachdruck verleihen
demonstrieren
unterstreichen
herausstreichen
hervorheben
herausheben
Wert legen auf
herausstellen
Gewicht legen auf
anerkennen
plädieren für

Wenn ein Redner **bittet** ...

Statt bitten kann man auch sagen:

Vorschläge der Autorinnen zur Wahl anderer Worte für einen Begriff finden Sie auf der nächsten Seite ...

Unsere Vorschläge:

ersuchen
wünschen
aussuchen
auffordern
verlangen
einen Wunsch äußern
eine Bitte vortragen
erbitten

Wenn ein Redner **fragt** ...

Statt fragen kann man auch sagen:

Vorschläge der Autorinnen zur Wahl anderer Worte für einen Begriff finden Sie auf der nächsten Seite ...

Unsere Vorschläge:

ansprechen
die Frage aufwerfen
Interesse bekunden
ein Problem ansprechen
befragen
anfragen
wissen wollen
ansuchen
sich erkundigen
um Auskunft bitten
um Klärung bitten

Wenn ein Redner **vorschlägt** …

Statt vorschlagen kann man auch sagen:

Vorschläge der Autorinnen zur Wahl anderer Worte für einen Begriff finden Sie auf der nächsten Seite …

Unsere Vorschläge:

raten zu
empfehlen
plädieren für
vorlegen
zum Anlaß nehmen
vorbringen
eintreten für
zur Diskussion stellen
sich einsetzen für
beantragen
unterbreiten
anregen
wollen
den Vorschlag machen
einen Vorschlag unterbreiten

Wenn ein Redner **widerspricht** …

Statt widersprechen kann man auch sagen:

Vorschläge der Autorinnen zur Wahl anderer Worte für einen Begriff finden Sie auf der nächsten Seite …

Unsere Vorschläge:

entgegnen
verneinen
ablehnen
einwenden
verweigern
verurteilen
zurückweisen
mißbilligen
abraten
protestieren
leugnen
dagegenhalten
dagegen aussprechen
dagegen sein
beanstanden
bezweifeln
beschuldigen
beklagen
bemängeln
bestreiten
befürchten
Einspruch erheben
sich dagegen wenden
kritisieren
in Abrede stellen
für falsch/unrichtig halten
dagegen geltend machen
zu entkräften versuchen
erwidern
widerlegen
sich dagegen entscheiden
für schwierig/undurchführbar halten
Bedenken äußern
sich nichts versprechen von

Wenn ein Redner **zustimmt** ...

Statt zustimmen kann man auch sagen:

Vorschläge der Autorinnen zur Wahl anderer Worte für einen Begriff finden Sie auf der nächsten Seite ...

Unsere Vorschläge:

bejahen
bestätigen
gutheißen
befürworten
zusagen
bekräftigen
billigen
beipflichten
begrüßen
unterstützen
zugestehen
anerkennen
der gleichen Ansicht sein
sich dafür aussprechen
eingestehen
gelten lassen
einverstanden sein
für richtig halten
einer Meinung sein
sich der Meinung anschließen
dem Vorschlag zustimmen

Wenn ein Redner **hofft** ...

Statt hoffen kann man auch sagen:

Vorschläge der Autorinnen zur Wahl anderer Worte für einen Begriff finden Sie auf der nächsten Seite ...

Unsere Vorschläge:

> vertrauen auf
> erwarten
> wünschen
> die Erwartung aussprechen
> damit rechnen
> sich davon versprechen
> nicht zweifeln, daß
> sich verlassen auf

Wenn ein Redner **fordert** ...

Statt fordern kann man auch sagen:

Vorschläge der Autorinnen zur Wahl anderer Worte für einen Begriff finden Sie auf der nächsten Seite ...

Unsere Vorschläge:

    appellieren an
    verlangen
    darauf bestehen
    darauf beharren
    zur Bedingung machen
    begehren

Regel 3: Verwenden Sie die Gegenwart

Protokolle werden grundsätzlich in der Gegenwart abgefaßt.

Sie vermittelt dem Leser das Gefühl, selbst gerade an der Sitzung teilzunehmen. Vermeiden Sie gelegentliches Verfallen in die Vergangenheitsform.

Sie ist nur erlaubt, wenn ein Redner auf Vergangenes Bezug nimmt, also in der indirekten Rede.

Beispiel: *»Herr Rasch weist darauf hin, daß der Termin auch letztes Jahr nicht eingehalten wurde.«*

Finden Sie dazu noch ein paar eigene Beispiele:

Anders verhält es sich bei Gedächtnisprotokollen: Hier wird Vergangenes kurz wiedergegeben, und daher ist auch die Vergangenheitsform angebracht.

Ebenso werden Aktennotizen und Telefonnotizen in der Vergangenheit abgefaßt.

Regel 4: Bilden Sie möglichst kurze und klare Sätze!

Sie schreiben für den Leser – je klarer und damit verständlicher Ihre Sätze sind, desto lieber werden Ihre Berichte auch gelesen, und das wollen Sie ja schließlich!

Vermeiden sollten Sie vor allem komplizierte Schachtelsätze.

Der Leser verliert sonst leicht den Faden und schließlich auch die Lust, weiterzulesen.

Lesen Sie folgende Sätze durch – den Verfasser dieser Zeilen hat die Verständlichkeit seines Protokolls offensichtlich nicht sehr gekümmert!

Sie können es besser – versuchen Sie es!

»Herr Kleinlich weist darauf hin, daß er bei der letzten Sitzung in diesen Räumlichkeiten die Methode Neu allen damals Anwesenden umfassend vorgestellt habe und diese auf allgemeine Zustimmung, besonders von seiten der Logistikabteilung, insbesondere der Herren Klein und Groß, gestoßen sei und er daher meine, man könne weiteren Schritten nähertreten.«

Ihre Formulierung:

»Frau Listig berichtet, daß die Baupläne des Projektes Neufeldstraße, dessen genaue Beschreibung sie allen Abteilungen aktualisiert übermittelt habe, sich leider in letzter Zeit auf Grund von Lieferschwierigkeiten seitens der Zulieferer und auch witterungsbedingt verzögert haben und man daher überlegen solle, ob man nicht eine neuerliche Aktualisierung ins Auge fassen solle.«

Ihre Formulierung:

Regel 5: Vermeiden Sie Wortwiederholungen und Doppelaussagen

Besonders bei den Einführungsworten jedes Redners passieren leicht Wortwiederholungen.

Sie haben jetzt jedoch Ihren Wortschatz schon genügend trainiert, um dieser Falle zu entgehen.

Achten Sie trotzdem beim Durchlesen Ihres Protokolls auf Wortwiederholungen!

Ebenfalls nicht zum guten »Stil« gehören Doppelaussagen, wie z. B. »neu renovieren« – das Wort »neu« steckt ja schon in renovieren drinnen – es genügt also »renovieren«!

statt   schreiben Sie

Rückantwort

hinzuaddieren

einzelne Details

übersichtlich ordnen

übersenden

Telefonanruf

letzten Endes

Unkosten

Regel 6: Gehen Sie sparsam mit Eigenschaftsworten um!

Sie sollen ja in Ihrem Protokoll nicht werten – beigefügte Adjektive tun aber genau das.

Zum Beispiel: *»... die unwichtige Behauptung des Herrn Lein ...«*
»... die zu kurze Darstellung des Sachverhaltes durch Frau Schnell ...«

Eine Anhäufung von Eigenschaftswörtern führt auch leicht zu »blumigen« Übertreibungen. Solche Ausschmückungsversuche haben in Ihrem Protokoll nichts verloren.

Formulieren Sie bitte um:

»Herr Meller meint, daß diese unendlich praktische Methode von allen seinen Mitarbeitern überaus geschätzt werde.«

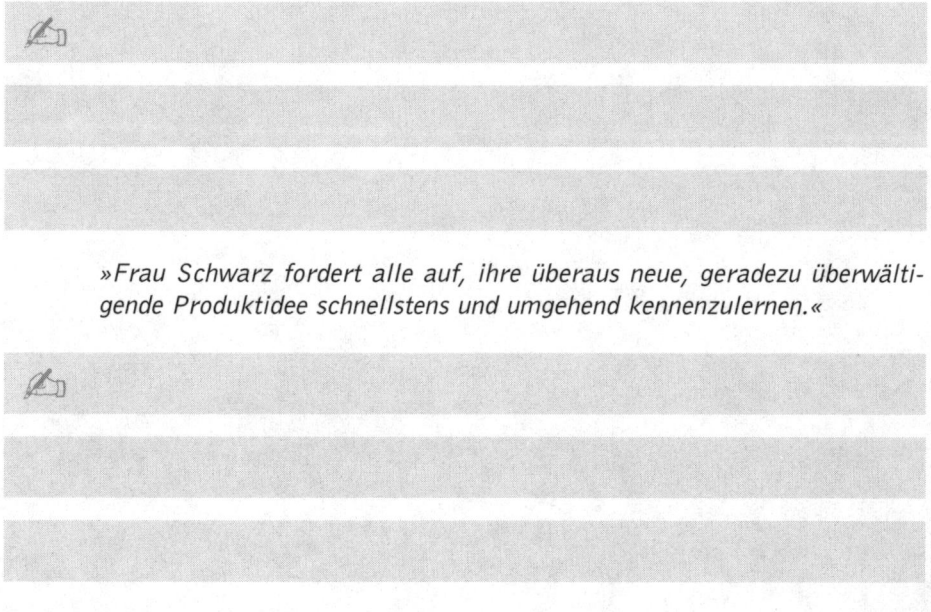

»Frau Schwarz fordert alle auf, ihre überaus neue, geradezu überwältigende Produktidee schnellstens und umgehend kennenzulernen.«

»Der Vorsitzende erwähnt, daß er allen mehr als überaus verbunden sei.«

Schritt für Schritt zum perfekten Protokoll

Regel 7: Kürzen Sie Höflichkeitsfloskeln

Es interessiert den Leser vermutlich nicht, daß sich Herr Förmlich »unendlich freut, endlich im erlesenen Kreis der sehr geschätzten Herren Dr. Kurz und Dr. Lang sowie der hochverehrten Frau Mag. Chrest seinen außerordentlich wichtigen Beitrag zur Diskussion sich zu leisten erlaubt«.

Üben Sie die Umformulierung von allzuviel Höflichkeit:

»Der Vorsitzende betont seine überaus große Freude, auch für das abgelaufene Geschäftsjahr wieder unseren von allen Seiten geschätzten langjährigen und treuen Mitarbeiter, Herrn Ing. Schnell, zum erfolgreichsten Verkäufer der ohnehin immer überdurchschnittlich erfolgreichen Region West 2 zu ernennen.«

»Auf die Einwände der Frau Klau erwidert Herr Schmeichel, daß er doch immer Frau Klau als überaus kluge, umsichtige und für alle Belange Verständnis aufbringende Mitarbeiterin kennengelernt habe und er daher annehme, daß sich ihr allseits berühmter Weitblick auch in diesem Fall als für sie wegweisend erweisen werde und sie daher im Sinne ihrer geneigten Großzügigkeit entscheiden werde.«

Regel 8: Straffen Sie – weniger ist mehr!

Ein Beispiel:

>»Herr Jung fragt Herrn Alt, ob er nicht auf Grund seiner langjährigen Erfahrung und auf Grund der Tatsache, daß seine Abteilung doch schon so lange an dem Projekt arbeite, die Sachlage noch einmal erklären könne und vor allem zum Thema Schutzvorschriften nochmals Stellung nehmen könne. Herr Alt weist darauf hin, er sei gerne bereit, nochmals auf dieses Projekt einzugehen, da er ja wirklich im Moment mit nichts anderem beschäftigt sei. Insbesondere zu den Schutzvorschriften sei zu sagen, daß ..., was im übrigen auch im Rundschreiben 4/9 an alle Abteilungen festgehalten sei.«*

Viel heiße Luft ...
Geht es auch anders?

>»Auf die Frage von Herrn Jung erklärt Herr Alt nochmals die Schutzvorschriften und verweist auf das Rundschreiben 4/9.«*

Glauben Sie nicht auch, daß man so dem Leser einen großen Gefallen tut?
Üben Sie das Straffen von Texten:

>»Herr Dr. Umsicht empfiehlt, daß man stets mit äußerster Bedachtnahme und Umsicht auf alle sichtbaren und unsichtbaren Umweltfaktoren reagieren und die Gesamtheit der möglichen Vorfälle in Erwägung ziehen solle, bevor man eine aktive, mit Konsequenzen behaftete schriftliche Willensäußerung zu setzen erwäge.«*

»Frau Eifer berichtet, daß sie in Anbetracht der Überprüfung aller Fakten und nach genauester Rücksprache mit allen Abteilungen und im gegenseitigen Einverständnis mit allen Mitarbeitern ihrer Abteilung zu der Ansicht gekommen sei, daß sie vor einer etwaigen Unterfertigung des vorgelegten Vertrages in diesem Stadium zu keiner Stellungnahme bereit sei, da man zum jetzigen Zeitpunkt noch keine genauen Folgen in Betracht ziehen könne, da man ja nicht in die Zukunft sehen könne.«

Noch einige allgemeine Formulierungstips:

Vermeiden Sie Aneinanderreihungen von Vorwörtern!

Viele Vorwörter nebeneinander wirken schwerfällig, umständlich und manchmal widersprüchlich.

Versuchen Sie, umzuformulieren:

»Mit an Sicherheit grenzender Wahrscheinlichkeit ...«

»Von für diese Aufgabe engagierten Mitarbeitern ...«

»Das Verhältnis von für diesen Bereich Zuständigen sei nicht das beste.«

Verwenden Sie Abkürzungen möglichst sparsam!

Abkürzungen machen das Lesen mühsam und vermitteln den Eindruck, daß Sie Zeit und Papier sparen wollten. Der Leser spart dann vielleicht auch Zeit und liest nicht mehr weiter.
So hoffentlich nicht:

»Dgl. wolle er frndl. darauf hinweisen, daß es bes. betr. der neuen Info-konf. neue Regeln, u. a. z. B. hins. Termine, gebe.«

Setzen Sie Fremdworte sparsam ein!

Sie schreiben Ihr Protokoll nicht, um zu beeindrucken und allen Ihren Bildungsstand vorzuführen, sondern um von allen verstanden und gelesen zu werden.
Übersetzen Sie bitte folgende »ungemein beeindruckenden« Sätze.

»Der erste Redner meint, man möge den Usus der Termini technici auf ein Minimum reduzieren.«

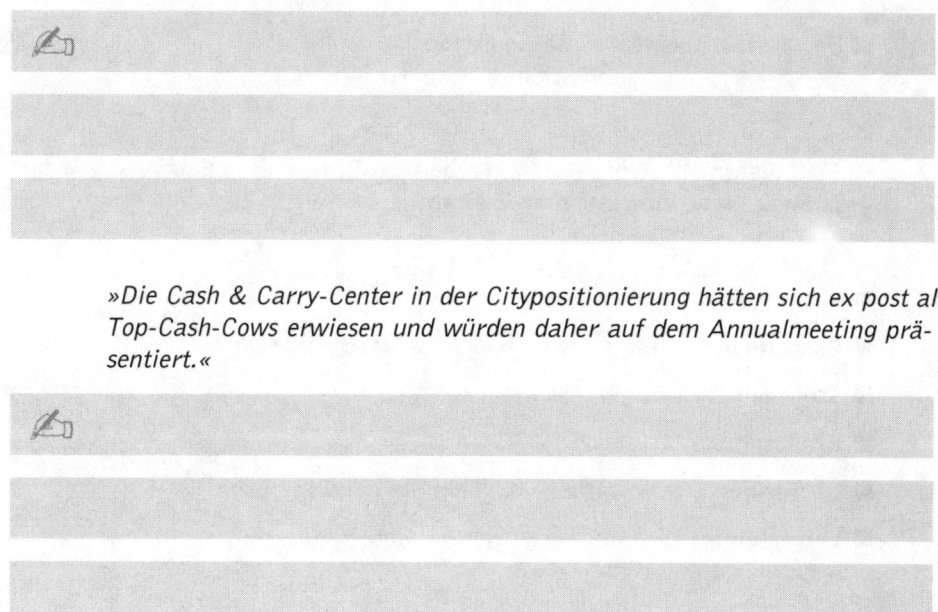

»Die Cash & Carry-Center in der Citypositionierung hätten sich ex post als Top-Cash-Cows erwiesen und würden daher auf dem Annualmeeting präsentiert.«

Ihr fünfter Schritt: Überarbeiten

Der Rohentwurf Ihres Protokolls liegt nun perfekt, prägnant und leserfreundlich formuliert vor Ihnen.

Vielleicht verspüren Sie jetzt die Lust, still und heimlich nach Hause zu gehen und das Protokoll Protokoll sein zu lassen ...

... oder Sie sind voller Ehrfurcht über Ihr perfektes Protokoll, sodaß jede weitere Veränderung in Ihren Augen nur mehr eine Verschlechterung bedeuten würde.

Beide Standpunkte sind etwas extrem.

Wie Sie sich auch immer fühlen, es nützt nichts:

→ **Sie müssen Ihr Protokoll überarbeiten! Ein Schirennläufer schwingt ja auch nicht kurz vor dem Ziel ab!**

■ Lesen Sie alles genau durch.

■ Kontrollieren Sie Rechtschreibung und Satzzeichen.

■ Streichen Sie Unwichtiges.

■ Ergänzen Sie Fehlendes.

■ Überprüfen Sie die optische Aufbereitung und das Layout.

■ Vergessen Sie nie, mit den Augen des Lesers zu sehen.

Abschlußformulierungen bei Ergebnisprotokollen

Beispiele:

Beschluß: *Der Antrag wird einstimmig genehmigt.*

Beschluß: *Der Antrag wird mit Stimmenthaltung von Herrn Dr. X genehmigt.*

Beschluß: *Nach eingehender Diskussion wird der Tagesordnungspunkt neuerlich in der nächsten Sitzung zur Beschlußfassung vorgelegt.*

Es wird der einhellige Beschluß gefaßt, dem Antrag der Marketingabteilung mit Ausnahme des Punktes 2 zuzustimmen. Punkt 2 wird neuerlich formuliert und zur Beschlußfassung vorgelegt werden.

Beschluß: *Der Antrag wird einstimmig abgelehnt.*

Es wird Übereinstimmung darüber erzielt, den Antrag in dieser Form abzulehnen. Die Personalabteilung wird beauftragt, ...

Jeder Teilnehmer hat das Recht, gegen das Protokoll oder Teile daraus zu protestieren und Änderungen zu verlangen.

Erst wenn alle Sitzungsteilnehmer ihr Einverständnis erklären oder innerhalb einer Frist (z. B. 14 Tage) keinen Einwand erheben, gilt das Protokoll als »verabschiedet«.

Um unnötige Korrekturen zu vermeiden, hier **einige Tips:**

- ■ Wichtige Textstellen, bei denen Spezialisten zu Wort kommen, sollten Sie diesen Fachleuten vorlegen: denn deren Hilfe ist wichtig, um Fehler zu vermeiden. Fassen Sie also Anregungen von anderen Sitzungsteilnehmern nicht als persönliche Kritik, sondern als wichtige Hilfe auf!

- ■ Externen Teilnehmern können Sie den Text, in dem diese zitiert werden, schriftlich und möglichst rasch zur Begutachtung übermitteln. Vergessen Sie dabei nie, eine Frist zur Rückmeldung zu setzen.

- ■ Ebenso sollten Sie den Vorsitzenden begutachten lassen und bei Unklarheiten mit ihm Rücksprache halten.

Es verlangt viel Diplomatie, sich nicht von allen Mitarbeitern ständig »dreinreden« zu lassen.

Sie müssen als Protokollführer eine Position anstreben, in der akzeptiert wird, daß Sie wissen, wo Sie kürzen, wo Sie umformulieren, wo Sie wörtlich zitieren müssen und wo Sie die Hilfe Ihrer Mitarbeiter benötigen.

➜ Protokollführen verlangt also auch viel innerbetriebliches Geschick und Diplomatie.

Ihr siebenter Schritt:
Verteilen des Protokolls

Wenn Sie nun alle Änderungswünsche berücksichtigt haben, sollten Sie den Text noch einmal korrekturlesen.

Gehen Sie sicher, daß keine Unterschrift vergessen wurde und alle formalen Regeln eingehalten wurden.

Dann kopieren Sie Ihr Protokoll und legen es ab.

Ein Protokoll sollte innerhalb von 14 Tagen nach der Sitzung an alle Teilnehmer versandt werden.

Jetzt können Sie tief durchatmen: Sie haben eine große Aufgabe bewältigt!

Ein guter Protokollführer nimmt eine wichtige Stellung in einem Unternehmen ein: Er ist bei allen entscheidenden Sitzungen und Beschlüssen dabei und somit über alles bestens informiert ...

➜ **Information macht mächtig – die richtige Weitergabe
  von Information in Berichtsform macht unentbehrlich!**

Folgende Titel der Reihe »New Business Line« sind lieferbar:

Management

Hans-Jürgen Kratz
Anerkennung und Kritik
So vermeiden Sie die klassischen Fehler

Kurt Hanks
Die Kunst der Motivation
Wie Manager ihren Mitarbeitern Ziele setzen und
Leistungen honorieren – Ideen/Konzepte/
Methoden

Lynn Tylczak
Die Produktivität der Mitarbeiter steigern
Kosten reduzieren – Produktqualität, Service-
qualität und Moral erhöhen – basierend auf Wert-
Management-Prinzipien

Cynthia D. Scott/Dennis T. Jaffe
**Empowerment – mehr Kompetenz den
Mitarbeitern**
So steigern Sie Motivation, Effizienz und
Ergebnisse

Robert B. Maddux
Erfolgreich delegieren
Schlüsselfaktoren – Analyse der persönlichen
Delegationsfähigkeit – Entwicklung eines
Aktionsplans – Fallstudien – Checklisten

Charles Martin
Existenzgründung leichtgemacht
Ein Leitfaden für Unternehmer

Axel Gloger
Franchising
Die Lizenz zum Erfolg

Michael F. Petz
Führen – Fördern – Coachen
Wie man Mitarbeiter zum Erfolg führt

Pat Heim/Elwood N. Chapman
Führungsgrundlagen
Ein Entwicklungsprogramm für erfolgreiches
Management

Marylin Manning/Patricia Haddock
Führungstechniken für Frauen
Ein Stufenplan für den Management-Erfolg

Gerald Bandzauner
Internet – Grundlagen und Anwendungen
DFÜ (Datenfernübertragung) – Dienste im
Internet – Netiquette: Regeln im Internet –
Checkliste zur Einführung von Internet

James G. Patterson
ISO 9000
Globaler Qualitätsstandard – Kosten-Nutzen-
Relation – Die zwanzig Elemente – Qualitäts-
Checklist

Herbert S. Kindler
Konflikte konstruktiv lösen
Produktive Teamarbeit – Streß und Spannungen
abbauen – Lösungsvorschläge – Fallstudien –
Checklisten

Hans-Jürgen Kratz
Mobbing
Erkennen, Ansprechen, Vorbeugen

Marion E. Haynes
Projekt-Management
Von der Idee bis zur Umsetzung – Faktor Qualität/
Der Projekt-Lebenszyklus – Faktor Qualität/
Zeit/Kosten – Erfolgreicher Abschluß

Diane Bone/Rick Griggs
Qualität am Arbeitsplatz
Leitfaden zur Entwicklung von hohen Personal-
Qualitäts-Standards – Beispiele, Übungen,
Checklisten

Herbert S. Kindler
Risiko übernehmen
Nur wer wagt, gewinnt

Rick Conlow
Spitzenleistungen im Management
Wie man Mitarbeiter dazu anspornt, ihr Bestes zu
geben – 6 Schlüsselfaktoren

Robert B. Maddux
Team-Bildung
Gruppen zu Teams entwickeln – Leitfaden zur
Steigerung der Effektivität einer Organisation

Marketing/Verkauf/PR

Richard Gerson
Der Marketingplan
Stufenweise Entwicklung – Umsetzung in die Pra-
xis – Checklisten und Formulare

Michael Kapfer-Klug/Patricia Essl
Direktwerbung
Ein praktischer Leitfaden

Controlling/Finanz- und Rechnungswesen

Peter Kralicek
Bilanzen lesen – Einführung
Keine Angst vor Kennzahlen

Terry Dickey
Grundlagen der Budgetierung
Informationsgrundlagen – effiziente Planung –
Techniken der Budgetierung – Prognosen und
Controlling-Ergebnisse

Peter Kralicek
Grundlagen der Finanzwirtschaft
Bilanzen – Gewinn- und Verlustrechnung – Cash-
flow – Kalkulationsgrundlagen – Finanzplanung –
Frühwarnsysteme

Peter Kralicek
Grundlagen der Kalkulation
Kosten planen und kontrollieren/Kosten-
senkungsprogramm/Preisuntergrenzen und
Zielpreise/Methoden/Fallbeispiele

Roman Hofmeister
Management by Controlling
Philosophie – Instrumente – Organisations
voraussetzungen – Fallbeispiele

Candace L. Mondello
So kommen Sie schneller zu Ihrem Geld
Inkassosysteme/Kreditprogramm/Risikokontrolle

Wirtschaftsrecht

Horst Auer (Österreich)
Ulrich Weber (Deutschland)
Rechtsgrundlagen für GmbH-Geschäftsführer
Geschäftsführung und Vertretung – Weisungen –
zivil- und strafrechtliche Haftung – Abgaben-,
Sozialversicherungs-, Gewerbe- und Verwaltungs-
strafrecht – Gesetzestexte, Musterverträge

Personalwesen

Hans-Jürgen Kratz
Neue Mitarbeiter erfolgreich integrieren
Nutzen Sie ein praxiserprobtes Einführungs-
konzept

Robert B. Maddux
Professionelle Bewerberauslese
Interviews optimal vorbereiten – Stärken-
und Schwächenkatalog – die sieben
unverzeihlichen Fehler – Kriterien für die
richtige Entscheidung

Elwood N. Chapman
Teilzeitkräfte richtig einsetzen und führen
Arbeit optimieren – Kosten reduzieren

Arbeitstechniken

Gabriele Cerwinka, Gabriele Schranz
Der optimale Umgang mit Chefs
Cheftypen, Chefanalyse, Chefgespräch, Chefkritik

Robert B. Maddux
Erfolgreich verhandeln
Entwicklung einer Gewinn(er)-Philosophie –
8 schwerwiegende Fehler – 6 Grundschritte zu
professioneller Verhandlungstechnik

Peter Kürsteiner/Inga Berkensträter
Gedächtnistraining
Grundlagen der Gedächtniskunst – Hören und
zuhören – Namen merken kein Problem – Zahlen
merken eine Kunst – Lesen, verstehen, behalten –
praxisnahe Übungen

Marion E. Haynes
Konferenzen erfolgreich gestalten
Wie man Besprechungen und Konferenzen plant
und führt

Carol Kinsey Goman
Kreativität im Geschäftsleben
Eine praktische Anleitung für kreatives Denken

Petra Rietsch
Multimedia-Anwendungen
Was Auftraggeber wissen sollten
– Zielgruppen, Einsatzorte, Einsatzformen
– Vorbereitung der Inhalte – Kostenfaktoren
– Wahl des Auftragnehmers – Checklisten

James R. Sherman
**Plane deine Arbeit –
arbeite nach deinem Plan**
Planungstypen und -modelle – die 8 Planungs-
stufen

Steve Mandel
Präsentationen erfolgreich gestalten
Bewährte Techniken zur Steigerung Ihrer Selbst-
sicherheit, Motivationsfähigkeit und
Überzeugungskraft

Gabriele Cerwinka/Gabriele Schranz
Professionelle Protokollführung
Objektiv und sachlich – logisch und übersichtlich
gegliedert – klar und deutlich formuliert – mit
vielen Beispielen

Gabriele Cerwinka/Gabriele Schranz
Professioneller Schriftverkehr
Übersichtlich und prägnant – praxisnah und
zeitgemäß – mit vielen Beispielen

Joyce Turley
Schnellesen im Geschäftsleben
Bewährte Techniken zur besseren Bewältigung der
Informationsflut

Jean Quinn Manzo
Überleben ohne Sekretärin
Büroorganisation – Zeitmanagement – effektive
Meetings – PC-Management – Checklisten

Uwe Scheler
**Vortragsfolien und Präsentations-
materialien**
planen – gestalten – herstellen

Persönlichkeitsentwicklung

Michael Crisp
**12 Schritte zur persönlichen
Weiterentwicklung**
Selbstbewußtsein – Kommunikation –
Partnerschaften/berufliche Fähigkeiten –
Kreativität

Lynn Fossum
Ängste überwinden
Selbstvertrauen stärken – Ängste verstehen,
bewerten und abbauen

Pamela J. Conrad
Berufs- und Privatleben im Griff
Techniken für ein erfolgreiches
Lebensmanagement

Paul R. Timm
Erfolgreiches Selbstmanagement
5-Stufen-Plan zur Entwicklung von: persönlicher
Leistungsfähigkeit, Zeitmanagement und
Arbeitstechniken, besonderen Talenten

Reinhard Zehetner
Ich muß bei mir selbst beginnen
Anregungen und Impulse zu Kommunikations-
prozessen in Betrieben und im alltäglichen Leben

Sam Horn
Konzentration
Mit gesteigertem Aufnahme- und Erinnerungs-
vermögen zum Erfolg

Barbara J. Braham
Lebenssinn und persönliche Erfüllung
Die 5 Blockaden – Der Lebenszyklus – Neue
Dimensionen

Marion E. Haynes
Persönliches Zeitmanagement
So entkommen Sie der Zeitfalle

Elwood N. Chapman
Positive Lebenseinstellung
Ihr wertvollster Besitz

Sam R. Lloyd/Christine Berthelot
**Selbstgesteuerte Persönlichkeits-
entwicklung**
Selbsteinschätzung – Erwartungshaltungen und
Lösungen – verbesserte Führungsfähigkeiten –
Persönlichkeitsentwicklungsprogramm

Merrill F. Raber/George Dyck
Topfit
Mentale Gesundheit – Umgang mit Streß –
Sich selbst und andere verstehen

Jeffrey E. Lickson
Verbessern Sie Ihre persönliche Lebensqualität
Psychologische und soziale Blockaden auflösen –
Stärken erkennen – Ziele setzen –
Selbstbewußtsein stärken

Kommunikation

Phillip Bozek
**50 Ein-Minuten-Tips für erfolgreichere
Kommunikation**
Techniken für effizientere Konferenzen, schriftliche Mitteilungen und Präsentationen

William L. Nothstine
Andere überzeugen
Ein Leitfaden der Beeinflussungsstrategien

Venda Raye-Johnson
Beziehungen aufbauen
Erprobte Techniken für Ihren Karriereerfolg/
So schaffen Sie ein Netzwerk verläßlicher
Kontakte

Peter Weghorn
Der Rhetorik-Profi
Kommunikationssituationen/Fragetechniken/
Schlagfertigkeit und Übungen/Praktische Tips,
Tricks und Hintergründe

Emil Hierhold/Erich Laminger
Gewinnend argumentieren
konsequent – erfolgreich – zielsicher

Roman Braun
NLP – eine Einführung
Kommunikation als Führungsinstrument

Diane Bone
Richtig zuhören – Mehr erreichen
Ein praktischer Leitfaden zu effektiver
Kommunikation

Stefan Czypionka
Umgang mit schwierigen Partnern
Erfolgreich kommunizieren mit Kunden,
Mitarbeitern, Kollegen, Vorgesetzten u. a. m.

Weiterbildung/Karriere

Nancy Struck
Arbeiten von zu Hause
Mehr Vorteile durch Tele- und Heimarbeit

Diane Berk
**Optimale Vorbereitung für Ihr
Bewerbungsgespräch**
So bekommen Sie Ihren Traumjob

Elwood N. Chapman
Überzeugen in der Probezeit
Die ersten 30 Tage im Job – der gelungene
Einstieg

Wir schicken Ihnen gerne kostenlos und unverbindlich unseren
New-Business-Line-Prospekt sowie Informationen zu unserem
Verlag:

Wirtschaftsverlag Carl Ueberreuter

D-60439 Frankfurt, Lurgiallee 6–8
Telefon 069/58 09 050
Fax 069/58 09 05/10

A-1091 Wien, Alserstraße 24
Telefon 01/40 444-0
Fax 01/40 444-156